OANA – N

ENGLISH – ROMANIAN GLOSSARY FOR COURT INTERPRETERS

AND

LEGAL PROFESSIONALS

No part of this glossary may be reproduced or used in any form or by any electronical or mechanical means, or the facilitation thereof, including information storage and retrieval systems, without permission in writing from the publisher.

All information contained in this glossary is believed to be correct at the time of printing. The author of this book is not engaged in providing legal or financial advice.

Copyright © 2020 Oana-Maria Sofronov

All rights reserved

ISBN 9798570893108

A

abduction: răpire

abet (to): a instiga; a fi complice

abettor of crime: complice la crimă

abode: locuință; domiciliu

abolish a clause (to): abrogarea / rezilierea unei clauze contractuale

abort a trial (to): a amâna un proces din lipsă de procedură

abscond (to): a se sustrage de la judecată

absolute discharge: achitare / eliberare necondiționată

absolute judgement: hotărâre definitivă

absolute necessity: forță majoră

abstract title: rezumatul istoricului titlului de proprietate

abuse of position of trust: abuz dintr-o poziție de încredere

abuse of power: abuz de putere

abuse of rules: abuz de drept

ACAS - Advisory, Conciliation and Arbitration Service: ACAS - Serviciul de Consiliere, Conciliere și Arbitraj

acceptance of an inheritance: acceptarea unei moșteniri

access right: drept de acces

accessory after the fact: complice după comiterea faptei

accomplice: complice

account for (to): a justifica

accountable (to be held accountable for): responsabil (a fi răspunzător de)

accrue (to): a adăuga; a crește

accumulation of penalties: cumul de pedepse

accuse (to): a acuza; a incrimina; a învinui

accused: acuzat

accuser: reclamant; acuzator

acquit (to): a achita o datorie; a grația; a exonera

act as a lookout (to): a sta de veghe (atunci când se comite o infracțiune)

act under duress (to): a acționa sub amentințare

act: act; lege; decret; acțiune/ faptă

actual bodily harm (ABH): vătămare corporală

adjournment: amânare; suspendare

adjudicator: judecător

administration of a substance with intent: a administra o substanță cu intenție

administration order: decizie/ ordin de punere sub administrare

administrative removal: expulzare administrativă

admissible evidence: dovezi admisibile

admission: recunoaștere; admitere

adoption: adopție

adversary / opposing party: partea adversa

advocate (lawyer): avocat; avocat pledant

affidavit: declarație solemnă (sub jurământ) / declarație pe propria răspundere

affidavit of service: declarație de efectuare a unei notificări

affirmation (for interpreters in UK Courts): confirmare / declarație solemnă / de sinceritate în fața instanței..

affray: încăierare; scandal

aforementioned/ aforesaid: susmenționat

aggravated arson: incendiere din culpă

aggravated assault: atac la persoana în formă agravată

aggravated burglary: furt prin efracție în formă agravată

aggravated criminal damage: distrugere din culpă

aggravated murder: omor calificat; crimă calificată

aggravated theft: furt calificat

aggrieve (to): a răni; a jigni

aggrieved party: partea vătămată

aider and abettor: complice

aiding and abetting: complicitate

Alien and Sedition Acts: Legislația SUA din 1798 cu privire la actele subversive și regimul străinilor

alienation: înstrăinare; transferul dreptului de proprietate

alimony: pensie alimentară

allegation: afirmație; reclamație; afirmație acuzatoare

alleged: pretins; invocat; afirmat

allowance: permisiune; alocație; indemnizație; rație

alteration of a document: falsificarea unui document

Alternative Dispute Resolution (ADR): Soluţionarea Alternativă a Litigiilor (SAL)

amend (to): a modifica; a rectifica

amend an indictment (to): a modifica / a completa actul de acuzare

amended summons: citaţie / cerere de chemare în judecată suplimentară

ancillary: de serviciu; subordonat

annual return: încasări anuale

antecedents: antecedente

anti-social behaviour: comportament antisocial

apostille: apostila

appeal tribunal: tribunalul de apel

appear (in court): a se prezenta (în faţa instanţei)

appellant: reclamant; apelant

Appellate Committee: Comitetul de apel

application: aplicaţie, cerere; reclamaţie; petiţie

applicant: solicitant; reclamant; petiţionar

appointed by the court: numit / desemnat de instanţă

appointee: numit; desemnat

apprehend (to): a aresta; a prinde; a înțelege

appropriate adult: curator

arbitrage: arbitraj

armed robbery: jaf armat

arraignment: trimitere in judecată; inculpare

arrest: arestare

arrestable offence: infracțiune care duce la arestarea preventivă

arson: incendiere intenționată

assault and battery: act de lovire si rănire; act de violență;

assault by penetration: agresiune prin penetrare (act sexual)

assault occasioning bodily harm (AOBH): atac ce a cauzat vătămare corporală

assault with intent to resist arrest: atac cauzat cu intenția de a rezista arestării

assault: atac; agresiune

assistant chief constable: asistent şef de poliție

assisting illegal entry or harbouring persons: a asista cu intrarea ilegală (într-o țară) sau adăpostirea persoanelor

associated domestic violence: violenţă domestică asociată

assurance: asigurare; garanție

assured shorthold tenancy: contract de închiriere pe termen scurt

attempt: încercare; tentativă

attempted murder: tentativă de omor

attempting to choke, suffocate, strangle: tentativa de înecare, sufocare, strangulare

attend (to): a asista; a se prezenta

attendance record / register: registrul de prezență

attested copy: copie legalizată / certificată

auction: licitație publică;

audit: audit; verificare

auditee: persoana audiată

auditor: auditor; controlor

authorised by court: autorizat/ împuternicit de tribunal/ instanță

award costs (to): a acorda cheltuieli (de judecată)

award damages (to): a acorda daune-interese

B

bad character: rea-credinţă; caracter nepotrivit

bad debt: creanţă irecuperabilă

bail: cauţiune

bail application: cerere pentru eliberare pe cautiune

bail conditions: condiţii de eliberare pe cauţiune

bailee: comodatar; dobânditor al unui contract depozitar de bunuri

bailer: comodant; alienator dintr-un contract

bailiff: executor judecătoresc

bailment agreement: contract de comodant

bailment: eliberare pe cauţiune; transfer de bunuri

balance of probabilities (to): a cântări probabilităţile

balance sheet: bilanț

bankrupt: insolvabil

barratry: corupție judiciară / a unui judecător

barrister: avocat pledant

basic rights: drepturi fundamentale

battery: violențe

bawd: proxenet

bench: instanța de judecată; magistratură

bench warrant: mandat de arestare

beneficiary: beneficiar

bequeath (to): a lăsa moștenire prin testament

betrothal: logodnă

beyond reasonable doubt: dincolo de orice îndoială rezonabilă

blackmail: șantaj

bodily harm: vătămare corporală

bond: obligație; creanță; datorie

bond hearing: audiere pentru eliberarea pe cauțiune

bondsman / bail bondsman / bail bond agent: agent de garanție / obligațiuni

book value: valoare contabilă

Border Force: Serviciul de Frontieră

breach: încălcare

breach of bail: încălcare a eliberării condiţionate

breach of contract: încălcarea / nerespectarea unui contract

breach of duty of care: încălcarea datoriei de îngrijire

breach of harassment injunction: încălcarea ordinului de hărţuire

breach of prison: evadare din închisoare

breach of restraining order: încălcarea ordinului de protecţie / restricţionare

breach of trust: abuz de încredere;

break and enter: spargere prin efracţie

break clause: clauză de încetare

breathaliser: etilotest

bribery: mită; corupţie

brief (Police brief/ brief of evidence): instrucţiuni (instrucţiunile poliţiei / rezumatul dovezilor); concluzii juridice; memoriu

brief (to): a delega; a da instrucţiuni; a pune la curent

brief a solicitor (to): a angaja / a delega un avocat

bumping: concedierea / înlocuirea unui angajat tânăr cu unul cu vechime în muncă

burden of proof: obligația de a dovedi; sarcina probei

burglar: spărgător; hoț

burglary: spargere; furt cu efracție

buy out (to): a cumpăra toate drepturile / cota indiviză de la o persoană; a plăti cuiva pentru renunțarea unui drept (de regulă drept de proprietate)

by proxy: prin procură; prin reprezentant

bye-law or bylaw: regulament intern; decizie a autorității locale

C

CAFCASS - Children and Family Court Advisory and Support Service: Serviciul de asistență și consultanță juridică pentru copii și familie

call-off (to): a anula; a rezilia

care order: decizie de tutelă; ordin de plasament al unui minor

care plan: plan de protecție

careless driving: conducere imprudentă

carer: îngrijitor

case: caz; cauza

case conference: conferința de caz

case law: jurisprudență

case management conference: conferință pentru stabilirea audierilor

case management discussion (CMD): discuții privind administrarea cazului

cause of action: cauza acţiunii

causing danger to road users: a fi un pericol pentru utilizatorii de trafic

causing death by careless driving while under the influence of drink or drugs: provocarea morții prin conducere neglijentă de către o persoana aflată sub influența alcoolului sau a drogurilor

causing death by dangerous driving: provocarea morții prin conducere imprudentă

causing or inciting prostitution for gain: a provoca sau incita la prostituție pentru câștiguri (financiare)

causing public nuisance: tulburarea liniștii si a ordinii publice

caution (police caution): avertisment verbal

CCTV: camere de supraveghere / monitorizare; sistem de monitorizare / televiziune cu circuit închis

Central Criminal Court: Tribunalul Penal Central

Central Tax Comission: Comisia fiscală centrală

Chambers: Camera de Comerț

champerty: înţelegere ilegală între pârți, în fața instanței

Chancery Division: Departamentul cancelarului

change of plea: schimbarea pledoariei

charge (police charge): acuzaţie; incriminare; învinuire

charge sheet: foaia / documentul de acuzare; registrul de evidenţa a infractorilor

chargeable offence: infractiune pentru care se va face o acuzaţie

charity: asociaţie de caritate

chattel: bun mobil; bun propriu

chief Inspector: inspector şef

child abduction: răpire copil

child abuse: abuzul unui copil

child and working tax credit: credite fiscale

Child Arrangements Order: decizie privind custodia şi vizitarea copilului

child assessment order: decizie de evaluare a copilului

child benefit: alocaţia pentru copil

child destruction: omorârea unui fetus

child endangerment: punerea in pericol a unui copil

child protection plan: plan privind protecţia copilului

Child Support Agency (CSA): Agenţia de Asistenţă pentru Copii

child welfare: ocrotirea copilului

Children Act: Legea de Protecţie a Copiilor

Children's Court: Tribunalul pentru Copii

CICA - Criminal Injuries Compensation Authority: Autoritatea pentru despăgubirea victimelor infracţionalităţii

circuit judge: judecătorul circumscripţiei; judecător itinerant

circumstantial evidence: dovadă circumstanţială/ indirectă

citation: citaţie

city council: consiliul municipal

Citizen's Advice Bureau: Biroul de consiliere a cetăţenilor

civil case: proces civil

civil court: curtea civilă

civil dispute: dispută civilă

claim lodged: cerere depusă

claim: cerere; solicitare; reclamaţie

claimant: reclamant

clean break settlement: reglementare / aranjament de separare totală

clerk (of court): grefier

closing order: ordin de încheiere

co-defendant: co-pârât; co-inculpat

coerce (to): a constrânge; a obliga

coercion: constrângere

commissioner: agent; comisar; însărcinat

commital file: dosar de transfer (de la curtea magistraților La curtea coroanei); dosarul de punere sub acuzație

committal for trial: punere sub acuzație

committal hearing: audiere preliminară

committal proceedings: punere sub acuzare

common assault: lovire şi alte violenţe

common duty of care: obligaţie de diligenţă

common law: drept cutumiar

common law marriage: uniune consensuală

common travel area: spatiul liber de circulaţie

Community Service Order (CSO): ordin de / pedeapsa cu muncă in folosul comunităţii

Companies House: Registrul Comerţului

compensation: compensatie

compensation order: decizie de compensare

compensation scheme: schema de compensare

compensatory award: acordarea unei recompense

compensatory damages: daune compensatorii

complaint: plângere

concealment: tăinuire

conciliation: conciliere

conclusive evidence: dovezi concludente

concurrent sentences: sentinţe concomitente; sentinţe paralele

concurrent writ: citaţie concurentă

condition: condiţie

conditional agreement: acord condiţionat

conditional cautioning: avertisment condiţionat

conditional discharge: eliberare condiţionată

conditional sale agreement: contract de vânzare condiţionat

conditions of an order: condiţiile unui ordin / unei decizii

confession: mărturisire; confesiune

confiscation order: decizie de confiscare

confiscation: confiscare

consecutive sentence: sentință consecutivă

consent: consimțământ

consent order: acord de consimțământ

consideration: considerare

consignee: destinatar; adresant

consignor: expeditor

conspiracy to defraud: conspirație la comiterea unei fraude

conspiracy to murder: complicitate la crimă

conspiracy: conspirație

constable: polițist; ofițer de poliție

constabulary: politie / secţie de poliţie

constructive dismissal: concediere implicită

constructive: constructiv; pozitiv

contact centre: centru de contact (pentru familie și copii)

contact order: decizie de contact

contempt of court: sfidarea instanței

contemptuous damages: daune minore

contingency fee: onorariu procentual (în urma unor despăgubiri)

contract for services: contract de prestări servicii

contributory fault: vină contributivă

contributory negligence: neglijență contributorie; culpabilitatea victimei

controlling or coercive behaviour: comportament coercitiv sau de control

conversion: conversie

convert criminal property (to): convertirea bunurilor provenite dintr-o activitate cu caracter infracțional

convey (to): a exprima; a prezenta

conveyance: transfer; transmitere

conveyancer: notar / avocat specializat în transferul de proprietate

conviction: condamnare

core sssessment: evaluare de bază

Coronavirus Job Retention Scheme: Planul Coronavirus de păstrare a locurilor de muncă

coroner: medic legist

Coroners' Court: tribunalul legist; biroul de procuratură

corporation tax: impozitul pe profit al unei companii

correction: rectificare

corroboration: coroborare

council housing: locuințe sociale

Council Regulation: Regulamentul Consiliului

counsel: avocat

count: capăt de acuzare

counterclaim or counterapplication: cerere reconvențională

counterfeit: fals; contrafăcut

counterpart driving license: anexa permisului de conducere

counterpart: duplicat

court bundle: dosarul depus la instanță; dosarul de judecată

court costs / fees: costuri de judecată

court minutes: procesul verbal al instanței

court notice: aviz de chemare în judecată

court of appeal: curtea de apel

court of first instance: instanța de fond

court of protection: curtea de protecție

court officer: funcționar al tribunalului

court order: hotărâre / sentință judecătorească

court proceedings: procedurile de judecată

covenant: convenție; accord

credit card fraud: fraudă cu cărți de credit

credit for an early guilty plea: reducere a pedepsei pentru recunoașterea vinovăției la prima înfățișare

criminal: asasin; făptuitor al unei crime; delincvent; criminal / penal

criminal complaint: plângere penală

criminal damage: pagubă materială; distrugere

criminal intent: intenție infracțională / criminală

Criminal Justice Act: legea privind justiția penală

Criminal Law Act: legea penală

criminal matter: aspect / chestiune de drept penal

criminal procedure: procedura penală

criminal property: bunuri provenite din activități cu caracter infracțional

criminal prosecution: procuror

criminal record / criminal history: cazier judiciar

cross border enforcement: aplicarea legilor transfrontaliere

cross-action: a introduce o cerere reconvențională / acțiune reconvențională

cross-examination: interogare încrucișată; interogatoriu luat de apărare și acuzare

Crown Court: Curtea Coroanei

Crown Prosecution Service (CPS): serviciul de procuratura al Coroanei / Ministerul Public

cumulative sentence: cumul de pedepse

curator: custode; curator

curfew: detenție la domiciliu

custodial sentence: sentinţă custodială

custody threshold: pragul de custodie; limita de custodie

custody time limit: perioada maximă de custodie

custody: custodie

customs duties: obligații / impozite vamale

cybercrime: criminalitate cibernetică

D

damages: daune

dangerous driving: conducere periculoasa

date of service: data de primire

death by dangerous driving: ucidere din culpă prin conducere periculoasă

debenture: obligatiune; titlu de creanță

debt: datorie; creanță

debt securities: titluri de creanță

debtor: debitor

deceit: înșelăciune

decree: decret

decree absolute: hotărâre definitivă și irevocabilă a divorțului

decree nisi: hotărâre provizorie / interimară

deduction from wages: deducere / oprire din salariu

deed: act; contract

deed of arrangement: contract de aranjament, compromis între debitor şi creditor

deed of separation: contract de separare voluntară a soţilor (echivalent cu divorţul notarial)

defamation: defăimare

default judgement or priority: sentinţă dată in absenţă

default option: opţiune de neprezentare

default payment: plată neachitată / restantă

defaulting party: partea în culpă

defence case statement: întâmpinare; declaraţia apărării

defence lawyer / counsel: avocatul apărării

defence: apărare

defendant: pârât; inculpat

defend notice: notificare de apărare

deferred prosecution agreement: acord de urmărire penală

deferred sentence: pedeapsă suspendată

deliberation: deliberare

demotion: retrogradare

demurrer: inadmisibilitate; excepție procedurală

dependant: dependent

deportation: expulzare

depose (to): a mărturisi în fața instanței; a depune mărturie

deposition: depozitie

derogation: derogare

detailed assessment: evaluare detaliată

detention of a woman in brothel or other premises: detenția unei femei într-un bordel sau alte spatii

development milestones: etape de dezvoltare

devise (to): a lăsa moștenire prin testament

devisee: legatar

diet: audiere

diminished responsibility: responsabilitate diminuată

diplomatic immunity: imunitate diplomatică

directions: directive

directions hearing: audiere preliminară

Disability Discrimination Act: Legea privind discriminarea persoanelor cu handicap / în incapacitate

Disability Living Allowance (DLA): alocație de trai pentru persoanele cu handicap

disability: handicap; incapacitate

disbursement: plată

discharge a debt: a achita o datorie

discharge of a contract: suspendarea unui contract

discharge of a defendant: punerea în libertate a unui acuzat

discharge: achitare; eliberare; concediere

disciplinary proceedings: proceduri disciplinare

disclaim: renunțare

disclosure (police disclosure): dezvăluire; aducere la cunoștință a acuzațiilor în baza cărora o persoană este reținută

discretionary disqualification: descalificare discreționară

discretionary leave: concediu discreționar

dishonesty offence: infracțiuni contra patrimoniului prin nesocotirea încrederii; abuz de încredere

discovery of documents: comunicarea documentelor

dismissal: concediere; respingere

disorderly conduct: comportament necivilizat; act de huliganism

dispute: litigiu; dispută

distress: suferință; primejdie;

district court: tribunal districtual

district judge: judecător districtual

divisional court: instanța divizională

divorce petition: petiție de divorț

divorce: divorț

dock: banca acuzaților; port

documentary evidence: document probatoriu; înscris probatoriu

domestic abuse: abuz domestic

domestic violence (DV): violență domestică

domicile: domiciliu

drafting the indictment: redactarea rechizitoriului

drawer: semnatarul unui act cu efect comercial

drink driving: conducere sub influența alcoolului

driving endorsement: puncte de penalizare (pe permis de conducere)

drug offences: infracțiuni privind încălcarea regimului drogurilor

due dilligence: verificare prealabilă

duress: constrângere

duty: datorie

E

early conciliation: conciliere timpurie

Early Removal Scheme: procedura de expulzare anticipate

earnings: câștiguri

easement: servitute; drept de folosință

EAT - Employment Appeal Tribunal: Tribunalul de apel pentru ocuparea forței de muncă

eavesdropping: ascultare (a convorbirilor telefonice); spionaj electronic

economic abuse: abuz economic

either-way offence: infracțiune care poate fi încadrată penal sau contravențional

embezzlement: delapidare; fraudă

embracery: tentativa de corupere a juraților

Emergency Protection Order (EPO): hotărâre de protecție în regim de urgență; hotărâre judecătorească de custodie în regim de urgență;

emotional or psychological abuse: abuz emoțional sau psihologic

empanell the jury: a întocmi lista juraților

employment and support allowance: ajutor financiar / alocație în caz de boală

employment tribunal: tribunalul de munca

encouraging or assisting crime: a încuraja sau asista la comiterea de infracțiuni

encumbered: grevat de sarcini

endowment policy: asigurare de supraviețuire

enforce (to): a aplica o lege; a executa

enforceable: aplicabil

enforcement officer: ofițer executant

engrossment: îngrădire

enquiry: anchetă

enter a judgement on admission (to): a pronunța o hotărâre în baza recunoaşterii faptelor

enter an agreement (to): a încheia un contract

equal pay: salariu imparțial; plată imparțială

estate: patrimoniu

estoppel: interzicere de revenire asupra declarațiilor făcute

European Convention on Human Rights: Convenția Europeana a Drepturilor Omului

eviction: evacuare; expulzare

evidence: dovadă

exempt: scutit

ex gratia payment: plată sub formă de cadou; gratificație

exhibit: probă

ex parte hearing: audiere ex parte; procedură de judecată fără notificarea pârții în culpă

exceptional hardship: greutate / suferință semnificativă;

excess of jurisdiction: excesul de jurisdicție

exchange of contract: schimb de contract

exclusions: excluderi

executor: executor

executory: executoriu

exempt: scutit

exhibit: expunere; document doveditor

expert evidence: probă de expertiză

expert valuation: expertiză

expert witness: martor în calitate de expert

expertise: expertiză; competenţă

expire (to): a ajunge la termen; a expira

explicit costs: costuri explicite

exploitation: exploatare

exposure: expunere; demascare

extended family member: rudă de gradul II, III sau IV

extended sentence: sentinţă prelungită

external auditor: auditor extern

extortion: extorcare

extradition: extrădare

F

fabrication of false evidence: fabricarea de dovezi false

failure to appear: neprezentare

failure to comply: nerespectare

falling within (the provisions): se încadrează in (prevederile)

false allegations: acuzaţii false

false arrest: detenţie ilegală; arest ilegal

false pretence: înşelăciune; escrocherie

false representation: reprezentare falsă; fraudă civilă

family assistance order: hotărâre privind asistenţa familiei

Family Court: curtea / instanţa de familie; tribunalul pentru familie

Family Division: secţia de familie

family law: dreptul familiei

fare evasion / fare dodging / fare violation: evaziune tarifară / evitarea achitării tarifului / încălcarea legii prin neachitarea tarifului

fatal accident inquiry: ancheta unui accident fatal

felony: crimă; omor; delict / infracțiune gravă

felony murder: omor cu premeditare

felony warrant: mandat de arestare pentru omor

fiat: decret

fiduciary: fiduciar

file (to): a înregistra, a depune la dosar

file a claim (to): a depune o declarație

file a lawsuit (to): a intenta un proces

file a petition (to): a înregistra o petiție

finable offence: infracțiune sancționată cu amendă

final hearing: audiere finală; ultima înfățișare

final judgement: hotărâre finală

final warning: avertisment final; ultimul avertisment

financial dispute resolution hearing: audierea pentru soluționarea litigiilor financiare

fine: amendă

fingerprint: amprentă

fire safety: siguranţă împotriva incendiilor

first call: prima convocare

first directions appointment: prima citare / convocare (la audienţa preliminară) pentru directive

fixed assets: mijloace fixe

fixed costs: costuri fixe

Fixed Penalty Notice (FPN): înştiinţare de plată a unei amenzi

fixed property: bunuri imobile

fixed term contract: contract pe perioadă determinată

floating charge: rata variabila (a dobânzii)

for training and monitoring purposes: în scopul instruirii şi monitorizării

forbearance: toleranţă; îndurare

forcible entry: intrare prin efracţie

foreclosure: imobil în procedura de executare silită

forefeiture -confiscare; pierdere a unui drept

foreign national: cetăţean străin

forensic evidence: dovezi criminalistice

forensics: criminalistică

forgery: fals

foster care: asistenţă maternală

foster parent: asistent maternal

Fraud Act: legea împotriva fraudei

fraud by failing to disclose information: fraudă prin nedivulgarea informaţiilor

fraud by false representation: fraudă prin reprezentare falsă

fraud: fraudă

fraudulent trading: comerţ fraudulent

free and voluntary: de bunăvoie şi nesilit de nimeni

free of encumbrances: nu este grevat de sarcini

free of tax: scutit de impozit

free stock: stoc disponibil

free trade: comerţ liber

freehold: proprietate negrevată de sarcini

freeze accounts (to): a bloca conturile

Fugitive Offenders Act: legea infractorilor fugari

full age: majorat

funded debt: împrumut consolidat

funds: fonduri; posibilități financiare

furlough: șomaj tehnic

further notice: notificare ulterioară; instrucţiuni noi

G

gain: avantaj, câştig

garden leave: perioada de suspendare (la locul de muncă) remunerată

garnishee order: ordonanţă de poprire din salariu

garnishment: poprire; sechestrare (a bunurilor)

general counsel: juristconsult; consilier juridic; consilier general

general damages: daune generale

general devisee / legatee: legatar cu titlu universal

general lien: garanţie generală; privilegiu general

gift tax: impozit pe donaţii / daruri

give evidence (to): a depune mărturie

give notice (to): a da preaviz (de concediere); a înştiinţa

going equipped to steal: echipat în vederea săvârșirii infracțiunii de furt

good character: fără antecedente penale

goods: bunuri; marfă; bunuri mobile

goodwill: fond comercial

grace period: perioada de grație

grand jury: marele juriu

grant (to): a acorda; a concesiona

grant a pardon (to): a amnistia

grant costs (to): a acorda compensații / despăgubiri

grant of probate: hotărâre judecătorească de executare a unui testament

grant relief (to): a acorda despăgubiri / scutire

grievance: plângere; revendicare; abuz; prejudiciu

grievous bodily harm (GBH): vătămare corporală gravă

gross income / gross pay / gross wage: salariul brut

gross misconduct: abatere gravă

ground: temei juridic; bază; motiv

ground law: drept funciar

ground rent: rentă funciară

groundless: fără temei legal

guarantee: garanţie; autorizaţie

guarantee obligation: obligaţia de garanţie

guarantor: garant

guardian: custode; tutore

guidelines: directive

guilt: vină; culpă

guilt by associacion: vinovăţie în urma asociereii cu o persoană care a săvârşit o infracţiune

guilty: vinovat

H

habitual residence test: testul de determinarea a rezidenţei permanente

Hague convention: convenţia de la Haga

hair strand test: analiza firului de păr

handcuff (to): a pune cătuşe

handcuffs: cătuşe

handling stolen goods: comerţ cu bunuri furate

harassment: hărţuire

harm: daună; prejudiciu

hate crime: infractiune penală motivată de ură

health and safety: sănătate si siguranţă

health record: fişă medicală

hearing: audiere

hearsay: din auzite; zvon

hearsay evidence: mărturie indirectă / din auzie

heavy sentence: pedeapsă severă

High Court: Înalta Curte de Justiţie

High Court enforcement officer: executor judecătoresc la Înalta Curte de Justiţie

HM Land Registry: Oficiul Cadastral

HM Revenues & Customs (HMRC) - Oficiul de Venituri şi Vamă

HMP – Her Majesty's Prison: Serviciul de Închisoare al Majestăţii Regale

hold an inquiry (to): a efectua o anchetă

hold an office (to):a deţine o funcţie

hold captive (to): a ţine în captivitate

hold someone liable (to): a face pe cineva responsabil; a trage la răspundere

holder: posesor; deţinător

holiday pay: indemnizaţia de concediu

home court: instanţa locală; tribunalul local

home detention: reţinere la domiciliu

Home Office: Ministerul de Interne

Home Secretary: ministrul afacerilor interne

homicidal: ucigaș

homicide: omucidere; crimă

homophobic: homofob

hourly pay: plata pe oră

house agent: agent imobiliar

House of Lords: Casa Lorzilor

housing associations: asociația de locatari

housing benefit: alocație pentru locuință; compensații la plata chiriei

housing claim: revendicare în instanță a unei locuințe

housing trust: organizație pentru asigurarea de locuințe pentru persoanele fără adăpost

HSMP - Highly Skilled Migrant Programme: programul de imigrație pentru personalul calificat

Human Resources (HR): resurse umane

human rights: drepturile omului

human traficking: trafic de persoane

hung jury: juriu divergent

hush money: mită pentru a nu dezvălui informații / păstrarea tăcerii

I

ICACU – International Child Abduction and Contact Unit: Autoritatea Internațională de Contact și Prevenirea Răpirii Copiilor

identification: identificare

identity card: buletin / card de identitate

illegally: ilegal; împotriva legii

ill-treatment: maltratare

ill-treatment applied to a child: rele tratamente aplicate minorului

Immigration Act: legea imigrației

immigration officer: ofițer de imigrație; vameș

immigration: imigrare

impact statement: declarație de impact

impaired capacity: capacitate afectată

impeach: punere sub acuzare

impose (to): a impune; a solicita;

impose a fine (to): a impune o amendă

impose a sentence (to): a impune / a aplica o pedeapsă

imposture: escrocherie; impostură

imprisonment: detenție; încarcerare

impugn (to): a pune la îndoială; a suspecta / contesta autenticitatea

impugn an evidence (to): a contesta o mărturie

in bad faith: necinstit; cu rea-credință

in bulk: en gros

in force: în vigoare

in good faith: de bună credință; în mod cinstit

in open court: în ședința publică

in the black: fără datorii; profitabil

in the red: descoperire de cont; cu datorii; cheltuială excesivă

incapacity: incapacitate; neputință; privare de drepturi

incentive: stimulent (financiar)

inchoate offences: infracțiuni incomplete

incident: incident; fapt; întâmplare; eveniment; episod; privilegiu;

incidental expenses (or incidentals): cheltuieli suplimentare / neprevăzute

incidental financial activity: activități financiare neprevăzute / suplimentare

incitement to ethnic or racial hatred: incitare la ură pe motive etnice sau rasiale

incitement: incitare

income support: ajutor de venit

income tax: impozit pe venit

incomings: venituri; încasări

incriminate (to): a acuza

incur (to): a suporta; a suferi

incur a penalty (to): a fi penalizat / sancționat / amendat

incur losses (to): a suporta pierderi

indecent assault: atac indecent

indecent exposure: ultraj contra bunelor moravuri

indefinite leave to remain: permis de ședere permanentă / pe termen nelimitat

indemnity: compensație; despăgubire; asigurare; despăgubire

indictable offence: delict grav; act sub incidența dreptului penal

indictment count: capăt de acuzare

indictment: acuzare

indirect discrimination: discriminare indirectă

induced demand: cerere provocată

inducement: incitare; convingere; stimulare; expunerea motivelor

injunction: ordin / dispoziție de interdicție; ordin de amânare; hotărâre judecătorească de suspendare

injunctive relief: măsuri provizorii

injury to feelings: vătămare emoțională

injury: rană; leziune

inquest: anchetă judecătorească

inquiry: anchetă; investigare; solicitare de informații

insolvency: insolvență

instalments: plata în rate

institute criminal proceedings (to): a începe ancheta penală

instructions (by judge): instrucțiuni; directive

insure (to): a asigura

intangible assets: bunuri necorporale

intellectual property crime: Infracțiuni de proprietate intelectuală

intention: scop; intenție

intentional or reckless sexual transmission of infection: transmiterea de boli sexuale în mod intenționat sau prin imprudență

interdiction: interzicere

interest: dobândă

interim care order (ICO): decizie provizorie de plasament a unui copil minor

interim order: decizie provizorie

interim supervision order: decizie provizorie de supraveghere

intestate: decedat fără testament

intoxication: stare de ebrietate

invalidate (to): a invalida; a abroga; a declara nul

invalidate a law (to): a abroga o lege

invalidate a marriage (to): a declara nulă o căsătorie

investigation: anchetă; investigație

invitation to tender / request for quotation/ bid request: invitație la licitație / cerere de ofertă

invoice: factură

involvement in arrangements facilitating the acquisition, retention, use or control of criminal property: implicarea în aranjamente care facilitează achiziția, păstrarea, utilizarea sau controlul bunurilor provenite din infracțiuni criminale

ISO International Standards Organisation: Organizația internațională de Standardizare

issue of law: problemă de drept

issue resolution hearing (IRH): audiere în vederea rezolvării disputelor

item: obiect; articol; chestiune

J

Jobseeker's Allowance (income-based): alocație pentru persoanele care caută un loc de muncă (pe bază de venit); ajutor de șomaj

joint and several liability: răspundere solidară

joint custody: custodie comună

joint holder: codeținător

joint interest owners: asociați în participațiune

joint representation: reprezentare comună

joint tenancy agreement: contract comun de închiriere

joint venture: societate cu capital mixt

judge an appeal (to): a judeca un apel

judge: judecător

judge's ruling: hotărârea judecătorului

judgement: hotărâre

judgement by default: judecare a acţiunii în cutumăcie / în lipsă

judgement grounds: temeiul juridic al unei hotărâri

judgement set aside: hotărâre / decizie anulată

judicial: judicial; judecătoresc

judicial circuit: circumpscripţia teritorială a tribunalului

judicial discretion: discreţie judiciară

judicial factor: administrator judiciar (al unui imobil)

judicial immunity: imunitate judiciară

judicial officer: ofițer judiciar

judicial order: ordin judecătoresc

judicial precedent: precedent judiciar

judicial review: control jurisdicţional

judicial separation: separare judiciară

jump bail (to): a nu se prezenta în instanţă după eliberarea pe cauţiune; a se sustrage de la tragerea la răspunderea penală

jurisdiction concurrence: conflict de competenţă / autoritate

jurisdiction: jurisdicţie; competenţă juridică; autoritate

juror: jurat

jury: juriu

jury panel: membrii juriului

jury tampering: manipularea juriului

jury trial: process cu juraţi

jury vetting: verificarea juriului

just and equitable: corect si echitabil

justice of the peace: justiția păcii

justify (to): a justifica; a explica; a scuza; a confirma; a motiva

juvenile court: tribunalul pentru minori

juvenile offender: infractor minor

K

keep accounts (to): a ține evidența contabilă

keep under restraint (to): a ține sub interdicție

kerb crawling: acțiunea de a conduce încet în căutarea unei prostituate.

kickback: mită; plată ilegală

kidnapping: răpire

kill (to): a omorî; a ucide; a asasina; a distruge

kin: rudă

kinship / kindred: înrudire

knife crime: infracțiune comisă cu cuțitul

know-how: secret profesional;

knowingly: intenționat; cu bună știință

L

labour law: dreptul muncii

labour market: piaţa forţei de muncă

labourer: muncitor necalificat (de regulă în construcţii)

lack of evidence: lipsă de probe

lack of jurisdiction: incompetenţă jurisdicţională; lipsă de autoritate

land (to): a ateriza; a debarca; a ajunge

landlord: proprietar

Landlord and Tenant Act: legea privind proprietarul şi chiriaşul

land register: cartea funciară

land trespass: încălcarea proprietăţii

landing: aterizare; debarcare

larceny: furt calificat; delapidare

law: lege; proces; act normativ; jurisprudență

law of conflicts: drept internațional privat

law surrounding: legislația aplicabilă

lawful arrest: arest legal; arest efectuat în mod corect / legal

lawful custody: custodie legală

lawful excuse: pretext legal; justificare legală

lawful marriage: căsătorie legală

lawful possession: posesie legală

lawful: legitim; legal

lawsuit: proces

lay off (to): a concedia

layoff: disponibilizare

lay representative: representant necalificat (din punct de vedere legal; fără calificare juridică)

leading question: întrebări sugestive

lease of joint ownership of assets: contract de proprietate comună a bunurilor

lease: chirie; arendă; contract de inchiriere

leasehold: pamânt arendat

leave: permisiune; autorizare

leave of the court: autorizare din partea tribunalului

legal advice: consiliere juridică

legal aid: asistenţă juridică din fonduri publice

legal grounds: baza legală; temeiul legal

legal personal representative: representant personal legal

legatee: legatar; moştenitor

lenient sentence: sentinţă indulgentă

lessee: locatar; chiriaş

lessor: locator

letter of credit: scrisoare de credit

letter of guarantee: scrisoare de garanţie

letter of intent: scrisoare de intenţie

letters of administration: autorizaţie de a administra o succesiune legala

liability: răspundere

liable of: răspunzător de

license: autorizaţie; licenţă; permis; brevet

licensee: beneficiarul unei licențe

lien: garanție, gaj; drept de sechestru

life interest: uzufruct; rentă viageră

limitation: limitare

limited company: societate cu răspundere limitată

liquidated damages: daune-interese prestabilite

liquidation: lichidare

liquidator: lichidator

listing officer: grefier de ședință; grefier registrator

litigant: parte litigantă / într-un proces

litigation: litigiu

litigation friend: avocat mediator

littering: aruncarea gunoiului în zone nepermise

loan capital: capital de împrumut

loan creditor: creditor de împrumut

local authority: autoritatea locală

lockdown: carantină

lodge (to): a depune; a înainta

loitering: vagabondaj

long-stop date: dată limită

lookout: pândaș

looting (to): a jefui; a prăda

Lord Justice of Appeal / Lady Justice of Appeal: judecător la Curtea de Apel (din Marea Britanie)

loss of control: pierderea controlului

lump sum: sumă cumulată / forfetară

M

magistrate: magistrat

Magistrates Court: Curtea Magistraților

maiden name: numele de fată

maintenance enforcement officer: agent / ofițer însărcinat cu recuperarea pensiei alimentare

maintenance: întreținere

major offences: infracțiuni grave

majority verdict: verdict majoritar

majority: majoritate

make: marcă; fabricație

make (to): a face; a determina; a produce; a obliga

make a defence (to): a se apăra

make a statement (to): a face o declaraţie

make an agreement (to): a încheia o înţelegere / acord

make an oath (to): a depune un jurământ

make an offer (to): a face o ofertă

make arrangements (to): a conveni; a cădea de acord

make threats to destroy or damage a property: a face ameninţări de distrugere sau deteriorarea unui bun / unei proprietăţi

making threats to kill: a face ameninţări de ucidere

malfeasance: infracţiune; abuz

malice: intenţie criminală; răutate

malice aforethought: premeditare

malicious damage: pagube cauzate cu rea-intenţie

malicious falsehood: fals premeditat

malicious prosecution: urmărire penală abuzivă

malpractice: neglijenţă profesională

mandate: mandat

mandatory: obligatoriu

manslaughter: omor prin imprudenţă

Master of the Rolls: preşedintele Curţii de Apel

maternity leave: concediu maternal

matricide: matricid

matrimonial: matrimonial; conjugal

matrimonial causes: cauze matrimoniale

matrimonial home: domiciliul conjugal

matrimonial law: dreptul familiei

mayhem: haos

means form (in court): formular privind situația financiară

mediation: mediere

medical certificate: certificat medical

mental health conditions: starea sănătății mintale

mental health disorder: tulburare de sănătate mintală

mention: mențiune

mercantile law: drept comercial

merger: fuziune; contopire

messuage: casă cu dependințe

minor offences: infracțiuni minore

minority: minoritate

minutes: proces-verbal

misbehaviour: abatere disciplinară

mischief: pagube (materiale); vătămare; răutate

misconduct: abatere; conduită necorespunzătoare

misdemeanor: delict; infracțiune

misrepresentation of facts: fals in declarații

mistrial: proces nul

mitigation: atenuare

mitigating circumstances: circumstanțe atenuante

molest / molestation: molestare

money laundering: spălare de bani

money mule: persoană în contul căreia se transferă în mod ilegal bani;

moral conduct: conduită morală

moratorium: moratoriu

mortgage: ipotecă

mortgagee: creditor ipotecar

mortgagor: debitor ipotecar

motion: moțiune

motive: motiv

movable property: bunuri mobile

mule: traficant

mule account: cont bancar deschis cu acte false (cu scopul spălării banilor)

multiple offending: infracțiuni multiple

murder: crimă

mutual agreement: comun acord; înțelegere mutual

mutual will: testament în favoarea supraviețuitorului

N

national insurance number: numărul de asigurări naţionale / sociale

national insurance contributions: contribuţii de asigurări sociale

nationality: naţionalitate

natural person: persoană fizică

naturalisation: naturalizare

neglect offences: infracţiuni realizate prin neglijare

negligence: neglijenţă

negotiate (to): a negocia; a duce tratative; a discuta

net assets: active reale; patrimoniu net

net pay: salariu net

net present value: valoare actuală netă

net profit: profit net

net returns: încasări nete

next of kin: ruda cea mai apropiată

nominal penalties: sancțiuni nominale

nondisclosure agreement: contract de confidențialitate

non-indictable offence: infracțiune neinculpabilă

non-jury trial: proces fără jurați

non-molestation order: ordin de non-molestare

notary: notar

notice: aviz; înștiințare; notificare; avertisment

notice of a trust: înștiințare / mențiune privind administrarea prin mandatar / procură

notice of discharge: preaviz

notice of entry of judgement: comunicarea hotărârii judecătorești prin intermediul registrului

notice of hearing: citație de audiere

notice of intended prosecution (NIP): notificare de urmărire penală

notice period: preaviz

notwithstanding: cu toate acestea; deși; totuși

novation: novație

noxious: nociv / vătămător

nuisance: daună; neplăcere; comportament indecent

null and void clause: clauză de nulitate

null: nul; fără valoare

nullity: nulitate

O

oath: jurământ

objection: obiecție; reclamație

obligation: îndatorire; obligație

obligee: creditor

obligor: debitor

obstruction: împiedicare: obstrucție: oprire

obsolete: învechit; scos din circulație

occupation order: repartizare judiciară a căminului conjugal

offence: infracțiune; delict penal; agresiune; atac; jignire

offender: delincvent; infractor; criminal; contravenient

offensive weapon: armă periculoasă

offer (to): ofertă; propunere

offer by tender: ofertă publică de cumpărare

offer for sale: ofertă de vânzare

offeree: ofertant; licitant

official document: document oficial

official hearing: audiere oficială

official notice: aviz official

official solicitor: avocat curator special

Ombudsman: Avocatul Poporului

omission: misiune

one off compensation: compensaţie unică

on acquittal: la achitare

on legal grounds: pe motive juridice

on oath: sub jurământ

opened meeting: şedinţă publică

oral examination: examinare orală

oral evidence: mărturie orală

order: decizie; hotărâre judecătorească; ordin; dispoziţie; ordonanţă

orderly: adecvat / corspunzător / deținut cu un comportament exemplar

ordinance: ordonanță; decret

ordinary court: instanța de drept comun / ordinară

organic law: legea organică / consituțională

organised crime: crimă organizată

original cost: cost inițial

oust (to): a elimina; a evacua; a exclude; a expulza

out of court settlement: înțelegere privată; compromis

outgoings: cheltuieli

outlaw: exilat; om în afara legii

outstanding: neachitat; neplătit; nesoluționat; restant

outstanding balance: sold restant

outstanding debt: datorie neachitată

outstanding works: lucrări restante / neexecutate

over the counter: la ghișeu

overdue: întârziat; depășit

override (to): a avea prioritate; a depăși; a anula

override a decision (to): a anula o decizie

overrule (to): a anula; a respinge; a respinge

overtime: ore suplimentare

overtime payment: plată pentru ore suplimentare

ownership: drept de proprietate; stăpânire

P

panel: juraţi

paraphernalia: accesorii; bunuri personale

parenting plan: plan de creştere si educare a copiilor

parole: eliberare condiţionată

part heard: partea audiată

particulars: detalii

parties: parţi

passing counterfeit notes or coins: punerea în folosinţă a bancnotelor sau monedelor contrafăcute

patent: brevet; licenţă

pawn (to): a amaneta, a gaja

payee: beneficiar

pecuniary: pecuniar; financiar

penal notice: avertisment penal / sub sancțiune penală

penalty points: puncte de penalizare

penalty: amendă; penalizare; sancțiune

perceived risk: risc perceput

periodical payments order: ordin de plăți periodice

perjury: sperjur

permanent residence card: permis de reședință permanentă

perpetrator: făptaș

perpetuity: caracter perpetuu; inalienabilitate

periodic rolling tenancy: relocațiune tacită

personal application: solicitare personală

personal guarantee: garanție personală

personal injury claim: cerere de despăgubire pentru vătămare corporală

personal representative: reprezentant personal

personal service: livrare în persoană

personation: identificare falsă

petition: petiție, cerere

petitioner: solicitant

pilferage: furtișag

plaintiff: reclamant

plea: pledoarie

plea bargain: negocierea acuzației

pledge: angajament

poaching: braconaj

points based system: sistem pe bază de punctaj

police booking: procedura de reținere în custodie

police community support officer: ofițer de sprijin comunitar

police protection notice (PPN): aviz de protecție a poliției

police protection powers (subject to...): protecția competenței poliției (a fi subiectul protecției competenței poliției)

police report: raportul poliției

port of entry: punct de intrare vamal

possession (with intention) of false identity documents: posesie (cu intentie) a unor documente de identitate false

possession of a bladed article in a public place: posesie a unui articol ascuțit într-un loc public

possession of class A or B drugs with intent to supply: posesie de droguri de categoria A sau B cu intenția de a furniza

possession of firearm with criminal intent: posesia unei arme de foc cu intenția de a comite o infracțiune

possession of firearm with intent to endanger life: posesia unei arme de foc cu intenția de a pune viata in pericol

possession of offensive weapon: posesia unei arme periculoase

possession: possie

possession proceedings: acțiuni în justiție pentru recuperarea patrimoniului

possessory lien: drept de posesie

possessory title: titlu posesor

post hearing brief: memoriu

post sentence supervision: sentință de eliberare condiționată sub supraveghere

power of arrest: mandat de arestare

power of attorney: împuternicire; procură

preamble: preambul; expunerea motivelor

precept: instrucțiune; dispoziție; somație

pre-emption: preemțiune

prejudice: prejudiciu

preliminary hearing: audiere preliminară

premeditated crime: crimă premeditată

premium: primă de asigurare

pre-sentence report: raport pre-sentință; raport de evaluare premergător pronunțării sentinței

pre-trial hearing: audierea preliminară

preventing the course of justice: împiedicarea cursului justiției

prison-related offences: infracțiuni legate de închisoare

privilege: privilegiu

privity of contract: confidențialitatea contractului

privy council: consiliul privat (al Coroanei)

probate: validarea testamentului

probate division: departamentul de validare / autentificare a testamentelor

probate judge: judecător specializat în dreptul succesoral

probation: eliberare condiționată

probation service / department: serviciul / departamentul de eliberare condiționată

proceedings: proceduri juridice; acte de procedură

proceeds of crime: produsul infracțiuni

process: procedură

procurator: procurator; împuternicit; procuror districtual

producing or supplying Class A or B drug; producerea sau furnizarea de droguri de categoria A sau B

product liability: asigurare de răspundere civilă pentru produse

prohibited steps order: ordonanță președințială

proof: dovadă

proof of evidence: teza probatorie

proof of income: dovadă de venituri

property adjustment order: decizie de modificare a distribuției mărfurilor

prosecution service: serviciul de procuratură; parchetul

prosecutor: procuror

provisional order: decizie / hotărâre provizorie

provocation: provocare

proxy: mandatar; împuternicit

public funding: fonduri publice

public interest: interes public

public international law; drept internațional privat

public order act: legea ordinii publice

public trustee: mandatar public

punitive damages: daune punitive

pursuant to: conform cu

pursue a claim: a continua o cerere

putative father: tatăl presupus

putting people in fear of violence: a face oamenii / publicul să se teamă de acte de violență

purported: pretins; presupus

Q

qualify (to): a califica; a da dreptul; a justifica

qualifying child: copil dependent

quality control: control de calitate

quash (to): a anula; a casa; a invalida

quash a conviction (to): a casa o condamnare

quash an indictment (to): a anula o acuzare;

queen's counsel (QC): avocat emerit / avocat al reginei

Queen's Bench Division: divizia curţii reginei

query: interogare; întrebare; solicitare

questioning: interogatoriu

quick ratio: proporţie imediată

quiet possession: dreptul la deplină proprietate

R

racial discrimination: discriminare rasiala

racially-aggravated offense: infracţiune în formă agravată, săvârşită pentru motive legate de rasă

rack rent: chirie exorbitantă

rape: viol

re-allocation: realocare; strămutare

real estate: proprietate imobiliară

reasonable excuse: scuză rezonabilă

reasonable force: forţă rezonabilă

receiver: destinatar; încasator

recital: expunerea faptelor; partea introductivă a unei hotărâri judecătoreşti

recognisance: recunoaştere

recorder: judecător adjunct / cu jumătate de normă; arhivar

recovery: despăgubire; indemnizație

rectify (to): a rectifica; a corecta

redemption: răscumparare; achitare a unei datorii

reduction: reducere

redundancy: concediere

refugee: refugiat

register land: cadastru

registered office: sediu social

registrar of companies: directorul oficiului registrului comerțului

registrar: ofițerul stării civile

registry: registru

reinsurance: reasigurare

release (to): a elibera; a scuti

remand: arest preventiv

remedy: compensație; despăgubire

removal: transfer; mutare

repeat offender: recidivist

reposession: reposedare

representation: reprezentare; înfățișare

representative: reprezentant

requirement: cerință; solicitare; condiție

requisition: rechiziție; cerere; solicitare

reprieve: a grația; amâna

rescission: anulare; abrogare

reserves: rezerve

residence order: decizie / ordin de reședință

resisting arrest: opunere arestului

resolution: soluționare

respite care: servicii de îngrijire temporară

respondent: pârât / inculpat

restriction order / restraining order: ordin de restricție

restrictive covenant: legământ restrictiv

retainer: reținere din salariu

return on investment: rentabilitate / profitul investiției

review: revizuire

revoke: revocare

revolving credit agreement: acord de reînnoire a creditului

right of abode / right to reside: drept de a locui

right of way: drept de access

right of possession: dreptul de posesie

riot: revoltă

risk assessment: evaluare de risc

risk of flight: risc de a fugi (din ţară)

road traffic act: legea traficului rutier

road traffic offences: infracţiuni rutiere

robbery: jaf

ruling (judge's ruling already written): hotărâre judecătorească; decizie

S

safeguarder: curator

safeguarding plan: plan de protecție (a copiilor)

sanction: sancțiune

satisfaction: compensație; despăgubire; achitarea unei datorii

schedule: program; anexă; plan

schedule of losses and expenses: lista de pierderi și cheltuieli

scientific evidence: dovadă științifică

Scottish bar: baroul scoțian

scrip: certificat/ document provizoriu

search warrant: mandat de percheziție

Seasonal Agricultural Workers Scheme (SAWS): schema / programul lucrătorilor agricoli sezonieri

security of tenure: drept de proprietate; inamovibilitate

seditious: instigator

seize: a sechestra / a confisca

self-defence: autoapărare

self-employed: persoană care desfășoară activități independente

self-representation: auto-reprezentare

Senior Courts Act: legea instanței superioare

sentence: sentință

sentencing guidelines: ghid de condamnare; orientări de condamnare

sequestration: sechestrare

sergeant: sergent

serve (to): a ispăși o pedeapsă; a notifica; a servi o citație; a înainte

serve a sentence (to): a executa o pedeapsă

serve on a jury (to): a face parte dintr-un juriu

serve a writ (to): a da / a notifica o citație / somație

settlement: aranjament; reglementare; plată

sex offenders register: registrul agresorilor sexuali

sexual assault: agresiune sexuală

sexual offences act: legea privind infracțiunile de natură sexuală

sexual orientation discrimination: discriminare privind orientara sexuală

shaken baby syndrome: sindromul bebelușului scuturat

share capital: capitalul social

share certificate: certificat de acțiuni

shared custody: custodie comună

shoplifting: furt din magazin

significant harm: daune semnificative

single judge court: instanța compusă dintr-un singur judecător

service of a written notice: înmânarea notificării scrise

settlement: soluționare; reglementare; acord

Silk / Queen's Counsel: avocat al reginei

skeleton argument: schița argumentării

slander: defăimare; calomnie

slavery: sclavie

small claims court: tribunalul pentru cereri / creanțe minore

small claims track: cereri de creanțe / pretenții minore

smuggler: contrabandist

smuggling: contrabandă

social services: serviciile sociale

social worker: asistent social

sole trader: comerciant individual; PFA

soliciting: a acosta (a oferi servicii de prostituție)

solicitor: avocat

solicitor general: consilier juridic al Coroanei (în Marea Britanie); procuror general (în SUA)

special guardian: curator special

special guardianship order: decizie de numire a curatorului special

special measures: măsuri speciale

special needs: nevoi speciale

specified claim: revendicare specificată

spent conviction: condamnare ispășită

squatting: ocupare abuzivă

squatter: locatar clandestin

stalking: hărțuire; urmărire

stamp duty: taxă de timbre

statement: declarație; expunere

statement of a case: memoriu

statement of facts: expunere a faptelor

statement of truth: declarație pe propria răspundere / declarație de autenticitate

status: statut legal

statute law: lege statutară; jurisprudență

statute of limitation: termen de prescripție

statute: lege; ordonanță

statutory audit: audit legal

statutory declaration: declarație statutară

statutory instrument: instrument statutar

statutory liability: răspundere; obligație legală

stay (to): a suspenda; a amâna

stay of execution: suspendarea executării

steal by finding: furt prin găsire

strike a case out (to): a clasa un caz

submissions: observații

subpoena: citație / somație

subrogation: subrogare

sue (to): a da în judecata

suicide: sinucidere

suit: proces / acţiune în justiţie

suitor: petiţionar

summary conviction: condamnare prin procedura restrânsă, pronunţată de un magistrat unic; condamnare sumară

summary judgement: procedură sumară

summary offence: contraventie / indracţiune sumară

summary proceedings: procedură judiciară sumară

summary trial: proces desfăşurat la Curtea Magistratilor, fără juraţi

summing up (by judge): rezumat

summon (to): a cita; a chema în justiţie; a convoca

summons: citaţie; convocare

superior courts: instanţele superioare

supervision: supraveghere

supervising officer: ofiţer supraveghetor / agent de probaţiune

support worker: specialist în asistenţă socială şi consiliere

Supreme Court of Justice: Curtea Supremă de Justiţie

surcharge: suprataxă

surety: garanție

suspect: suspect

suspended sentence: sentință cu suspendare

sustain injuries (to): a suporta leziuni;

T

take an oath (to): a depune un jurământ

take charge of (to): a-și asuma responsabilitatea pentru

take control of goods (to): confiscarea bunurilor

take effect (to): a intra în vigoare

take evidence from (to): a lua mărturie de la

take into custody (to): a aresta; a reține

take legal action / proceedings (to): a intenta un proces / acțiune;

take possession (to): a lua / a intra în posesie

take without owner's consent (to): a lua fără consimțământul proprietarului

tally (to): a adapta; a calcula; a număra; a corespunde; a controla

tamper (to): a falsifica; a manipula; a mitui

tamper evidence: a falsifica dovezi

tangible assets: active corporale / tangibile; bunuri materiale / corporale

tax: impozit; taxă

tax allowance: venit neimpozabil

tax break: scutire de impozit

tax deduction: reducere de impozit; cheltuială dedusă din venitul impozabil

tax dodging / evasion / fraud: evaziune fiscală; fraudă

tax evasion: evaziune fiscală

tax law: drept fiscal

tax return: declaraţie anuală de venit

taxable income: venit impozabil

taxation: impozitare

taxi touting: şofer de taxi fără licenţă

taxpayer: contribuabil

teeming and lading: fraudă de colectare

telephone hearing: audiere prin telefon

tenancy: chirie; arendă; bun închiriat

tenant: chiriaş

tender: ofertă

tenure: titularizare

term: durată; clauză; termen; condiție

term of notice: termen de înștiințare

termination: reziliere; încheiere

terms: condiții; dispoziții; clauze; înțelegere

terms of a contract: prevederile / dispozițiile contractuale

testimony: mărturie

testor: testator

the aggrieved: cel vătămat

theft act: Legea furtului

theft: furt

thereby: astfel; prin aceasta

thereupon: în consecință; drept urmare; după care

third party: terțe părți

third party notice: notificarea terței părți

threat: amenințare

threatening behaviour: comportament agresiv

threshold: prag; limită

time sheet: foaie de prezență / de pontaj

tipping off: divulgare de informații

title: titlu; document; calitate; drept

title deed: act / titlu de proprietate

toll: taxă

tort: fapta ilicită

tortfeasor: infractor; delincvent

tortuous: nesincer; dăunător

totting up system: sistem de acumulare a punctelor

Trade Union: sindicat

training purposes: scopul de instruire

transcript: transcriere; copie

transfer (to): a transfera; a ceda, a schimba; a cesiona

transfer a contract (to): a ceda un contract

transfer the rights (to): a cesiona drepturile

transferee: cesionar

transferor: cedent

treason: trădare

trespasser: contravenient; infractor; delincvent

trespassing: încălcarea unei proprietăți private

trial: process

trial window: perioada de punere pe rol a unui dosar

trial bundle: dosarul procesului

trial contents: documentele procesului

tribunal: tribunal

true copy: copie conformă cu originalul; copie legalizată

trust deed: document feduciar; procură

trustee: administrator; curator; tutore; mandatar

TUPE - The Transfer of Undertakings (Protection of Employment) Regulations: Regulamentul privind transferul întreprinderilor (protecția muncii)

U

UK Border Agency: Agenția de Frontieră din Marea Britanie

unanimous verdict: verdict unanim

under arrest: în arest

under oath: sub jurământ

under penalty: sub sancțiunea / pedeapsa

under seal: sigilat / ștampilat

underlease: subînchiriere

undertake (to): a afirma; a garanta; a întreprinde; a-și asuma răspunderea

undertaking: angajament; acord; promisiune

undue influence; abuz de putere

undue: necuvenit; nepotrivit; excesiv; nedrept

unduly: ilegal; excesiv; nejustificat; nedrept; în mod nejustificat; pe nedrept

unemployed: șomer; inactiv; fără lucru

unemployment allowance / benefit / pay: alocație / ajutor de șomaj

unfair: necinstit; nedrept; injust

unfair dismissal: concediere nedreaptă

unfit to drive: incapabil de a conduce

unfit: nepotrivit; neadecvat; incapabil

unfit to work: incapabil de a munci

universal credi: credit universal

unforeseen circumstances: circumstanțe neprevăzute

unfounded: neîntemeiat; fără temei legal; nemotivat

unfounded claim: cerere nefondată

unlawful: ilegal; nedrept; necinstit

unlawful act: act ilicit

unlawful assembly: adunare ilegală

unlawful detention: detenție ilegală

unlawful entry: intrare ilegală / fără permisiunea proprietarului / încălcarea proprietății private

unreasonable behaviour: comportament inacceptabil

unsubstantiated case: caz nefondat

unwittingly: fără intenție

up to date: la zi; actualizat

upper tribunal judge: judecătorul tribunalului superior

uttering: uz de fals

V

vacate (to): a anula; a elibera; a părăsi

valid claim: cerere / reclamație întemeiată

valid contract: contract valabil / legal / autentic

valid: valabil; concludent; autorizat; în vigoare; întemeiat

variable cost: cost variabil

vendee: cumpărător

vendor: vânzător

venue: locul faptei; loc de judecată; jurisdicție

verdict: verdict; sentință; decizia juraților

vexatious: rău intenționat; abuziv

viability: viabilitate

vicarious liability: răspundere / obligație pentru fapta altuia

Vice Chancelor: vice cancelar

victim statement: declarația victimei

victim surcharge: suprataxă pentru victime

victim: victimă

victimisation: victimizare

video link: legătură / conexiune video

violent disorder: tulburare violentă

virtual court: audiere virtuală (prin video)

void (to); a anula; a invalida

voidable: anulabil; reziliabil

voluntary: voluntar

voluntary manslaughter: omor premeditat

voluntary unemployment: șomaj voluntar

vouch (to): a garanta / confirma; a răspunde pentru cineva

W

wage: salariu

wage claims: revendicări salariale

wage cuts: reduceri salariale

wage payroll: stat de plată

wage scale: grilă de salarizare

waive a right (to): a renunţa la un drept

waiver clause: clauză de renunţare

wanton or furious driving: conducere iresponsabilă şi agresivă

ward of court: minor aflat fub tutela instanţei judecătoreşti

warden: paznicul închisorii; responsabil; agent

wardship: tutelă

warrant: mandat de arestare

warrant of committal: mandate de executare judecătorească

warrant of delivery: mandate de livrare

warrant of possession: mandate de posesie

wayleave: servitute de trecere

welfare: bunăstare

welfare benefits: ajutoare sociale

welfare report: raportul de asistență social

welfare visit: anchetă socială privind bunăstarea persoanelor

whistle-blower: informator

will: testament

wilful neglect: neglijare intenționată / deliberata

withdraw (to): a retrage; a retracta; a anula

withdraw a complaint (to): a retrage o plângere

within the provisions of the law: sub incidența legii

without prejudice: fără prejudiciu

witness: martor

witness care: protecția martorilor

witness for the prosecution: martorul acuzării

witness hearing: audierea martorului

witness oath: jurământul martorului

witness statement: declaraţia martorului

witness summons: citaţia martorului

working capital: capital circulant

wounding or grievous bodily harm with intent to cause grievous bodily harm: răniri sau vătămări corporale grave cu intenţia de a provoca vătămări corporale grave

writ of execution: titlu executoriu

writ of summons: citaţie

writ: citaţie; înscris; mandat; somaţie

written agreement: convenţie scrisă; aranjament scris

written consent: consimţământ scris

written evidence: dovadă scrisă

wrong (substantiv): prejudiciu; eroare, nedreptate, greşeală

wrong (adjectiv): rău, greşit, incorect, nedrept, fals, impropriu

wrongful: ilegal

wrongful dismissal: concediere nedreaptă / ilegală

Y

yearly: anual

yield a right (to somebody): a ceda un drept

yield bond: obligațiuni cu randament mare

yield on money / investment: profitul banilor / investiției

yield (to): a oferi; a produce; a ceda

yield: profit; venit; producție; randament

young offender: tânăr delicvent

Youth Offending Institution: centru educativ (pentru tineret)

Z

zero hours contract: contract de muncă de zero ore

zone pricing: sistem de prețuri zonal

Police caution:

You do not have to say anything. But it may harm your defence if you do not mention when questioned something which you later rely on in court. Anything you do say may be given in evidence.

Nu trebuie să spuneți nimic. Însă, dacă la întrebările puse nu menționați ceva pe care vă veți baza mai târziu în instanță, apărarea dumneavoastră ar putea fi periclitată. Orice spuneți poate fi folosit drept probă.

Printed in Great Britain
by Amazon